Kevin R. L. Band

D1390660

Au pays
des
faux-amis

Samuel Cranston
Charles Szlakmann

Au pays des faux-amis

Petit guide illustré
anglais-français

Éditions du Seuil

COLLECTION DIRIGÉE PAR NICOLE VIMARD

Ce livre est le fruit d'un échange permanent entre Samuel Cranston et Charles Szlakmann. De plus, Charles Szlakmann a illustré ce livre.

ISBN : 2.02.012300-2

Préface

Les clichés, chacun sait, ont la vie dure. Ainsi, les Italiens seraient paresseux et dragueurs, les Espagnols, fiers et indolents, les Belges, placides et lourdauds. Et Albion, naturellement, perfide.

Sans doute, certains verront dans l'existence de ces fameux faux-amis la preuve même de la prétendue fourberie britannique. En effet, depuis les années de collège, combien d'entre nous n'ont-ils pas été victimes de ces mots à l'apparence pourtant si innocente, si franche, en un mot : si française ? Hélas, leur sens véritable était le plus souvent fort éloigné de l'homonyme français.

Les faux-amis seraient-ils donc de sournoises chausse-trapes tendues à dessein par les insulaires ? pour se venger, par exemple, de Napoléon ?

Risquons une autre hypothèse, plus vraisemblable : les faux-amis ont une origine commune avec les termes français correspondants. Une même racine, latine ou française, séquelle des conquêtes romaine et normande. (Ce qui expliquerait sans doute l'abondance de faux-amis dans le vocabulaire juridique et politique.)

A la suite de quoi ces mots-frères, évoluant dans un milieu différent, suivirent chacun leur propre destin, finissant par acquérir un sens autre.

Ainsi l'anglais « procurer » : *proxénète* ; « to injure » : *blesser* ; « formidable » : *redoutable*...

Attention, certains faux-amis se révèlent, à l'occasion, amis sincères. Dans ce cas, ils peuvent avoir un sens proche de l'homonyme français, en plus de leur sens faux-ami. Ainsi, l'anglais « gallantry » signifie *bravoure* (au sens faux-ami), mais aussi *galanterie* (au sens ami sincère). De même, l'anglais « organ » signifie *orgue*, mais aussi *organe* ; « clerical work » : *travail de bureau*, mais aussi *activité d'ordre clérical*... Tout dépend alors du contexte.

Mais n'est pas faux-ami qui veut : il existe également de simples homonymes, sans parenté commune, « to bless » : *bénir* ; « a crane » : *une grue* ; « to rot » : *pourrir*...

Ce ne sont là que faux faux-amis !

Enfin, des termes anglais ont pénétré notre langue. Selon le contexte, ils peuvent eux aussi se comporter comme des amis sincères ou, au contraire, de redoutables faux-amis.

8

Exemples : « the spleen » : *le spleen*, certes, mais aussi *la rate* ; « a hold up » : *un hold up*, mais également *un embouteillage* ; « a zoom » : *un zoom*, mais aussi *un bourdonnement*...

En tout cas, à l'heure de l'Europe, mieux vaut éviter les malentendus qui pourraient surgir de part et d'autre de la Manche. Ce petit guide n'a d'autre ambition que de s'y employer...

CS et SC

« J'EXIGE votre argent. »

Demander : *to ask for.*

« Les Grecs aiment manger de la DINDE. »

Les Turcs : *the Turks*.

14

« Nous mangeons des aliments
sans CONSERVATEURS ALIMENTAIRES. »

Un préservatif : *a condom*.
Une capote anglaise : *a french letter*.

« La reine d'Angleterre vit dans le LUXE. »

La luxure : *lust*.

18

« Chérie, j'aime les ROBINETS de vos joues. »

Fossettes : *dimples*.

« Bonjour, monsieur le PROXÉNÈTE.
— Bonjour, monsieur le PROCUREUR. »

Proxénète : *procurer, pimp*.
Procureur : *prosecutor*.

22

« Je suis un EXTRÉMISTE. »

Équivalent approximatif des radicaux français :
moderates, from the centre party.
Extrême gauche, extrême droite : *radical left,
radical right.*

24

« Nous, Britanniques, sommes dans L'ORNIÈRE.
Nous devons sortir de nos HABITUDES. »

Être en rut : *to be in rut*.
Des habits : *clothes*.

« Cet aigle a d'énormes SERRES. »

Talons : *heels*.

28

« Je souhaite RESTER EN CONTACT avec vous. »

J'ai une touche avec elle : *she fancies me*.

« Ma chère épouse ne cesse de RABÂCHER. »

Jouer de la harpe : *to play the harp*.

« Je suis un BOURSIER D'UNIVERSITÉ.»

Un exhibitionniste : *an exhibitionist*.

34

« J'aime jouer de mon ORGUE. »

« Dans mon rêve,
j'étais entouré de MAMMIFÈRES. »

Organe : *organ.*
Mouth-organ: harmonica.

Mamelles (êtres humains) : *breasts.*
Mamelles (animaux) : *udders, teats.*

« Je fais PAYER mes CLIENTS. »

Charger : *to charge.*
Le patron : *the boss.*

« Chéri, vous êtes intelligent,
mais vous êtes un IVROGNE. »

Un sot : *a fool*.

« Non, mon AINE n'est pas là où vous croyez. »

Un groin : *a snout.*

« Ceci est une PUBLICITÉ destinée à
des personnes ayant des problèmes
avec leurs ANIMAUX DE COMPAGNIE. »

Un avertissement : *a warning*.
Un pet : *a fart*.

44

« Je me suis MISE SUR MON TRENTE ET UN. »

Être dressée à tuer : *to be trained to kill.*

« Je suis un ÉLÈVE QUI FAIT
L'ÉCOLE BUISSONNIÈRE. »

« Je suis un TRUAND. »

Un vilain : *a peasant.*
Vilain (méchant) : *naughty.*
Vilain (laid) : *ugly.*

« Je suis si heureux dans mes PANIERS. »

Baskets (chaussures) : *basket-ball boots*.

« J'aime être BRANCHÉ ! »

« Pourquoi votre majesté est-elle GLACIALE ?
— Je suis simplement ABSORBÉE. »

Frigide : *frigid.*
Engrossée : *pregnant.*

« J'aime ABOYER. »

Faire de la barque : *to go boating*.

« Je travaille dans les GRUES. »

Le crâne : *skull*.

« En tant qu'HOMME DE GAUCHE,
je suis contre le règne de l'argent. »

Un libéral (partisan du libéralisme économique) :
a conservative.
NB. *A liberal*, au sens d'homme de gauche, vaut
surtout pour les États-Unis.

« Je suis une FEMME DE MÉNAGE. »

Un char d'assaut : *a tank*.

« Il CRIA très fort à l'oreille de la dame :
"Ceci est l'une de mes BÂTISSES !" »

Éjaculer : *to ejaculate*.
Une érection : *an erection*.

« Je veux vous montrer mon petit MANOIR. »

Une grange : *a barn*.

« Chéri, je veux vous CÂLINER. »

Péter : *to fart*.

« Où est le CHEF D'ORCHESTRE ? »

Un conducteur de bus : *a bus driver*.

« Est-ce que ce chien MORD ? »

Le pénis : *penis*, vulgairement : *cock ; dick*.

« J'ai reçu la médaille de la BRAVOURE. »

La galanterie : *gallantry*.

« Je suis une FEMME D'INTÉRIEUR. »

Domestiquée : *enslaved*.

"DRINK PROVOKES THE DESIRE BUT TAKES AWAY THE PERFORMANCE"
(W. SHAKESPEARE)

« La boisson entraîne le désir,
mais diminue la PRESTATION DE L'ACTEUR. »

Performance : *performance.*

« C'est une fille très JOYEUSE. »

Joli : *pretty*.

80

« J'ai trouvé un ASTICOT
dans mes ENDIVES ! »

Un magot : *a pile (of money)*.
Une chicorée : *a drink of ground chicory.*

81

82

« Venez vous asseoir sur LE BORD DE LA ROUTE, de mon côté. »

La verge : *the penis*.

« Je désire que vous me PARLIEZ
AVEC IMPERTINENCE. »

Mettre de la sauce : *to add sauce.*

« Gengis Khan était un homme RUSÉ. »

Smart (au sens d'élégant) : *smart*.

« Je dois aller à l'hôpital, ma femme
m'A GRAVEMENT BLESSÉ. »

Injurier : *to abuse.*

OH DARLING
YOU HAVE SUCH A
BEAUTIFULL BONNET

« Oh chérie, vous avez un si joli CAPOT. »

Un bonnet : *a bonnet.*

« Je fus BÉNI par un PRIMAT. »

Blesser : *to injure*.
Un primate : *a primate*.

« Ceci est votre FICHE DE PAIE. »

Slip (homme) : *underpants* (GB) ; *briefs* (US).
Slip (femme) : *nickers* (GB) ; *panties* (US).

THIS FRENCHMAN is so CONGENIAL

DOIS-JE LE PRENDRE COMME UNE INSULTE OU COMME UN COMPLIMENT ?!

« Ce Français est si SYMPATHIQUE. »

Un con : *an idiot; arsehole, asshole* (US) ;
      (très vulgaire) *cunt.*
Un génie : *a genius.*

Postface

A la lecture de ce livre, vous clamerez peut-être : « Franchement, la subtilité des faux-amis, ce ne sont pas mes oignons ! »
Dans ce cas, dites au moins :

Attention !

Quand un terme anglais comporte plusieurs sens, le faux-ami le suit en **_italique gras_** ; l'ami vrai, lui, est en _italique maigre_ en fin d'énumération.

A

ABUSE (TO) : *injurier;* abuser.

ACCOMODATION : *logement, hébergement.*

ACTUAL : *effectif, réel, véritable.*

ACTUALLY : *en fait, réellement, véritablement.*

ADVERTISE (TO) : *faire de la publicité.*

ADVERTISEMENT : *annonce, publicité.*

AFFAIR : *liaison amoureuse; affaire.*

AGENDA : *ordre du jour.*

ANXIOUS : *désireux;* anxieux.

APOLOGIZE (TO) : *s'excuser.*

APPLICATION : *demande (d'emploi, etc.);* application.

ATTEND (TO) : *assister à.*

ATTEND TO (TO) : *s'occuper de.*

ATTIRE (TO) : *habiller.*

AUCTIONEER : *commissaire-priseur.*

AXE : *hache.*

ok ?

B

BACHELOR : *célibataire.*
BALLS : *(fam.) testicules;*
  A LOAD OF BALLS : *des conneries.*
BALLOT : *bulletin (de vote); tour de scrutin.*
BAND : *orchestre (jazz, rock); bande.*
BANK : *rive; banque.*
BARK (TO) : *aboyer.*
BARK : *aboiement; écorce.*
BASKET : *panier.*
BATON : *baguette (de chef d'orchestre); bâton.*
BENEFIT : *profit non pécunier.*
BIGOT : *à l'esprit étroit (pas nécessairement religieux), fanatique.*
BIT : *morceau; mors (d'un cheval).*
BITE : *morsure; piqûre; bouchée.*
BITE (TO) : *mordre; piquer.*
BLESS (TO) : *bénir.*
BLOUSE : *chemisier (féminin).*
BONNET : *capot (de voiture); bonnet.*

BRASSIERE : *soutien-gorge.*
BRIBE : *pot-de-vin.*
BRIDE : *fiancée, nouvelle mariée.*
BULL : *taureau;*
  BULL MARKET : *marché en hausse (bourse).*

C

CAMERA : *appareil-photo;*
  IN CAMERA : *à huis clos.*
CANDID : *franc, sincère.*
CANOPY : *voûte (du ciel); baldaquin.*
CAP : *bonnet, casquette.*
CAVE : *grotte, caverne.*
CHANT (TO) : *scander des slogans; psalmodier.*
CHAR : *(fam.) thé.*
CHARGE (TO) : *faire payer; charger.*
CHARGES : *frais, tarifs.*
CHARWOMAN : *femme de ménage.*
CHICORY : *endive;* chicorée.
CLERICAL : *administratif, de bureau;* clérical.
CLERK : *employé de bureau;* clerc.
CLUB : *matraque;* club.
COCK : *(vulg.) pénis;* coq.
COFFIN : *cercueil.*
COLT : *poulain;* colt (pistolet).
COMMAND : *ordre;* commandement.
COMMERCIAL : *spot publicitaire télévisé.*
COMMODITY : *denrée.*
COMPACT : *poudrier (de sac à main); petite voiture.*
CONCERNED : *inquiet, préoccupé;* concerné.
CONCRETE : *béton;* (adj.) concret.

CONDUCTOR : **contrôleur (de train, bus); chef d'orchestre; conducteur (d'électricité).**

CONFECTIONER : **confiseur.**

CONGENIAL : **sympathique.**

CONSUMPTION : **consommation;** consomption.

COURTIER : **courtisan.**

CRAM (TO) : **fourrer; s'entasser.**

CRANE : **grue.**

CRUDITY : **grossièreté (de manières).**

D

DATE : **rendez-vous; datte;** date.

DECADE : **décennie.**

DECEIVE (TO) : **tromper.**

DEFALCATE (TO) : **détourner des fonds.**

DEFINITELY : **décidément; sans nul doute.**

DEGREE : **diplôme universitaire;** degré (température).

DELAY : **retard;** délai.

DEMAND : **exigence;** (offre et) demande.

DEMAND (TO) : **exiger.**

DEMONSTRATION : **manifestation (politique);** démonstration.

DETER (TO) : **dissuader.**

DEVICE : **moyen, dispositif;** devise (emblème).

DIAMOND : **carreau (cartes); losange;** diamant.

DIET : **alimentation.**

DILAPIDATED : **délabré.**

DILAPIDATION : **délabrement.**

DISTRACTION : **cause d'énervement; confusion;** distraction.

DIVINE : **théologien.**

106

DOCK : **box des accusés;** *dock.*

DOMESTICATED (WOMAN) : **femme d'intérieur.**

DON : **professeur d'université.**

DRESS (TO) : **(s')habiller.**

DRIBBLE (TO) : **tomber goutte à goutte; baver; drib-
bler.**

DUNGEON : **cachot (d'un château).**

DUPLEX : **pavillon; maison à deux appartements.**

E

EDITOR : **rédacteur en chef, directeur (d'un journal);**
éditeur.

EJACULATE (TO) : **pousser un cri;** *éjaculer.*

EMBRACE (TO) : **étreindre;** *embrasser.*

ENERGETIC : **énergique.**

ENGAGED : **occupé; fiancé.**

ENGROSS (TO) : **occuper l'attention (de quelqu'un).**

ENGROSSED : **absorbé (par une tâche quelconque).**

ENTERTAIN : **recevoir (des invités); amuser.**

ENTERTAINING : **amusant.**

ERECTION : **bâtisse;** *érection.*

EVADE : **éviter (un coup); échapper (à une question).**

EVINCE (TO) : **montrer, faire preuve de.**

EXCITING : **passionnant, captivant;** *excitant.*

EXCUSE : **prétexte;** *excuse.*

EXHIBITION : **exposition.**

EXHIBITIONER : **boursier (d'université ou de collège).**

EXPOSURE : **exposition (au vent, au froid); étalage (de
marchandises); dévoilement (d'un crime).**

EXTENUATE : **atténuer, minimiser (une faute).**

EXTENUATING CIRCUMSTANCE : **circonstance atténuante.**

F

FABRIC : *tissu; édifice.*

FACILITIES : *infrastructures, installations;* facilités.

FART (TO) : *péter.*

FASHION : *mode;* façon.

FATIGUES : *tenue de corvée (militaire), treillis.*

FAUCET : *robinet.*

FEMALE : *femme;* femelle.

FIGURE : *silhouette (d'une personne); chiffre; figure abstraite.*

FILE : *dossier; lime; file.*

FINE : *amende.*

FINE : *bien; superbe; beau; fin.*

FLANNEL : *gant de toilette;* flanelle.

FLING (TO) : *balancer avec force.*

FLIP : *chiquenaude.*

FLIPPER : *nageoire, aileron; palme (de plongeur);* flipper.

FLIP (TO) : *donner un petit coup sec;*
TO FLIP THROUGH A BOOK : *feuilleter un livre.*

FLIPPANT : *désinvolte, irrévérencieux.*

FOOL : *idiot, imbécile.*

FOOTING : *position, condition;*
EQUAL FOOTING : *pied d'égalité.*

FORAGE : *fourrage.*

FORGE (TO) : *falsifier (un document);* forger.

FORGER : *falsificateur;* forgeron.

FORM : *classe (niveau scolaire); formulaire;* forme.

FORMIDABLE : *redoutable.*

FRANCHISE : *droit de vote; droit de cité;* franchise *(commerciale).*

FRET : *irritation, agacement; touche (de guitare).*

108

FRET (TO) : *inquiéter, tracasser; se faire du mauvais sang.*

FRIGID : *glacial;* frigide.

FROCK : *robe d'été;* froc (de moine).

FUME (TO) : *rager;* fumer.

FURNISH (TO) : *meubler.*

FURNITURE : *meubles.*

G

GAFFER : *contremaître.*

GAG : *bâillon;* gag.

GALE : *grand vent.*

GALLANTRY : *bravoure;* galanterie.

GAS : *essence (US);* gaz.

GENIAL : *doux, sympathique;* génial.

GENTEEL : *de bon ton.*

GENTILITY : *distinction, bon ton.*

GENTLE : *doux.*

GERMANE : *pertinent.*

GRAND : *majestueux;* grand;
  GRAND PIANO : *piano à queue.*

GRANGE : *manoir.*

GRAPE : *raisin.*

GRAPEFRUIT : *pamplemousse.*

GRATE (TO) : *râper; grincer.*

GRIEF : *chagrin.*

GRIP : *prise, poignée; sac de voyage.*

GRIPES : *coliques; sujets de mécontentement.*

GROSS : *grossier;* gros.

GUILLOTINE : *limite du temps de parole au Parlement britannique;* guillotine.

GULF : **gouffre;** *golfe.*
GUM : **gencive;** *gomme.*
GUY : **câble;** *(fam.) gars.*
GROIN : **aine.**

H

HABIT : **habitude; vêtement (de religieuse).**
HARP (ON) (TO) : **rabâcher;** *jouer de la harpe.*
HAZARD : **risque, danger;** *hasard.*
HAZARDOUS : **risqué, dangereux;** *hasardeux.*
HOLD-UP : **embouteillage; retardement;** *hold up.*
HURL (TO) : **lancer avec violence.**
HURT (TO) : **blesser, faire mal.**

I

IMMATERIAL : **peu important; hors de propos;** *immaté-riel.*
IMPEACH : **attaquer, mettre en doute (la probité de qqn).**
IMPEACHMENT : **accusation (d'un ministre, etc.).**
IMPLICIT : **absolue, aveugle (obéissance);** *implicite.*
IMPORT : **sens, signification.**
IMPORTS : **importation(s).**
IMPROPER : **déplacé, incorrect; malhonnête.**
INCENSED : **enflammé de colère.**
INCONGRUITY : **désaccord; manque d'harmonie; incon-venance;** *incongruité.*
INCONGRUOUS : **inassociable;** *incongru.*

INCONSIDERATE : *sans égard pour les autres; inconsidéré.*

INDISCREET : *imprudent; indiscret.*

INDISCRETION : *imprudence; indiscrétion.*

INGENIOUS : *franc, sincère; ingénu.*

INHABITABLE : *habitable.*

INHABITED : *habité.*

INJURE (TO) : *blesser.*

INSANITY : *folie, démence.*

INSOLVABLE : *insoluble, indissoluble; insolvable.*

INSULAR : *borné, d'esprit étroit; insulaire.*

INTELLIGENCE : *services de renseignements, services secrets; intelligence.*

INTOXICATE : *enivrer, griser.*

INTOXICATION : *ivresse (d'alcool, de plaisir); intoxication (médecine).*

ISSUE : *sujet de discussion, de controverse; numéro (de journal); émission (d'actions, de billets de banque); délivrance (d'un passeport); issue.*

111

J

JOLLY : *joyeux, gai.*
JOURNEY : *voyage, trajet.*

L

LABOUR : **main-d'œuvre; travail; (parti) travailliste (GB); labeur.**
LABOUR (TO) : **travailler dur, peiner.**
LABOURER : **travailleur, ouvrier non qualifié.**
LARGE : **grand, volumineux.**
LECHERY : **lubricité, lascivité.**
LECTURE : **conférence; sermon.**
LECTURER : **conférencier, maître de conférence.**

LIBERAL : *homme de gauche, aux idées avancées.*
LIBRARIAN : *bibliothécaire.*
LIBRARY : *bibliothèque.*
LIME : *citron vert; tilleul; chaux.*
LITTER : *fouillis; papiers gras, etc. (qui jonchent les rues); portée (d'un animal); litière.*
LIVID : *furieux;* livide.
LOCAL : *bistrot du coin; habitant du coin.*
LOCATION : *situation, emplacement; les lieux.*
LUNATIC : *dément, fou.*
LUXURIOUS : *luxueux, somptueux.*
LUXURY : *luxe.*

M

MAGGOT : *asticot.*
MAISONNETTE : *appartement en duplex.*
MALE : *de sexe masculin;* mâle.
MALICE : *intention criminelle, délictueuse;* malice.
MALICIOUS : *avec intention criminelle, avec préméditation;* malicieux.
MAMMAL : *mammifère.*
MANIKIN : *petit bonhomme, nain;* mannequin (couture).
MARCH : *manifestation;* marche (militaire).
MARE : *jument.*
MARMALADE : *confiture d'oranges amères.*
MARMOT : *marmotte.*
MARTINET : *officier pointilleux sur la discipline; pète-sec.*
MATCH : *allumette; équivalent; assortiment;* match.
MATCHMAKER : *entremetteur matrimonial.*

MATERIAL : *tissu; fourniture;* matière.

MATRON : *intendante (d'une institution); infirmière en chef.*

MEDICINE : *médicament;* médecine.

MEDICINE-MAN : *sorcier.*

MENTAL : *fou, dément;* mental.

MENU : *carte (restaurant);* menu.

MESS : *désordre, saleté; situation embarrassante;* mess (des officiers).

MUNDANE : *en rapport avec le monde ici-bas; banal;* mondain.

N

NAP : *petit somme, sieste.*

NOTE : *billet de banque;* note.

NOTORIOUS : *de triste notoriété, mal famé.*

NOVEL : *roman.*

NUISANCE : *désagrément; peste (c'est une petite peste!);* nuisance.

NURSE : *infirmier, infirmière;* nurse.

O

OBEDIENCE : *obéissance;* obédience.

OFFICE : *bureau; ministère (GB);* office religieux.

OFFICIOUS : *empressé, trop zélé;* officieux.

OIL : *pétrole;* huile.

OPAQUE : *peu intelligent; à l'esprit épais;* opaque.

ORDER : *commande (de marchandises);* ordre.

ORDNANCE : *artillerie.*
ORE : *minerai.*
ORGAN : *orgue; organe;*
 MOUTH-ORGAN : *harmonica.*

P

PALMER : *pèlerin de retour de la Terre sainte.*
PAPER : *journal; devoir écrit; papier.*
PARCEL : *colis.*
PARTIAL : *partiel; partial.*
PATRON : *client; protecteur (des arts, de bonnes œuvres); saint patron.*
PAVILION : *kiosque à musique; pavillon.*
PENALTY : *amende, pénalité; penalty.*
PERFORMANCE : *prestation, interprétation; performance.*
PERQUISITES : *avantages en nature.*
PERSUASION : *croyance; conviction; persuasion.*
PEST : *animal nuisible; fléau; casse-pieds.*
PET : *animal de compagnie.*
PET (TO) : *caresser, câliner.*
PETULANCE : *irritabilité.*
PETULANT : *irritable.*
PHOTOGRAPH : *photographie.*
PHYSICIAN : *médecin.*
PICK (TO) : *choisir; gratter (le nez); cueillir (des fleurs).*
PICK-UP : *fille (d'un soir); camionnette (US); bras de platine.*
PIE : *tourte, pâté en croûte; tarte.*
PILE : *magot; pile (de livres, etc.).*

PILES : **hémorroïdes.**

PIPE : **tuyau, tube;** *pipe.*

PIPE (TO) : **jouer de la cornemuse.**

PIPES : **cornemuse;** *pipes.*

PLACARD : **écriteau, affiche.**

PLAIN : **clair, évident; (style) simple; laid.**

PLAINTIF : **plaignant, demandeur.**

PLANT : **usine;** *plante.*

POLE : **polonais; perche; poteau;** *pôle.*

POLYTECHNIC : **équivalent approximatif d'un IUT.**

POPE : **pape;** *pope.*

PRACTICE : **répétition (musicale, théâtrale); clientèle (de médecin); étude (d'avocat);** *pratique.*

PREJUDICE : **préjugé;** *préjudice.*

PREMISES : **lieux; local, locaux.**

PRESERVATIVE : **conservateur alimentaire; protection contre un danger.**

PRETEND (TO) : **faire semblant;** *prétendre.*

PRETENDER : **simulateur;** *prétendant.*

PREVENT (TO) : **empêcher;** *prévenir.*

PREVENTION : **précaution;** *prévention.*

PRIER : **fouineur, curieux.**

PRIMATE : **archevêque, primat;** *primate.*

PRIVATE : **simple soldat.**

PROCURER : **acquéreur; proxénète; entremetteur.**

PROFANE : **blasphématoire (langage).**

PROFANITIES : **jurons.**

PROFIT : **bénéfice financier.**

PROPER : **approprié; correct;** *propre.*

PROPOSITION (TO) : *faire des propositions sexuelles.*
PRY (TO) : *fureter, fouiner.*
PUBLIC : *(société) cotée en bourse ; (grande école) privée; public.*
PUNCH : *coup de poing; poinçon; punch.*
PURCHASE (TO) : *acheter.*
PURSUIT : *activité; occupation; poursuite.*

Q

QUESTION (TO) : *contester, remettre en question; questionner.*

R

RACE : *course; race.*
RACKET : *vacarme; raquette ; racket.*
RADICAL : *extrémiste (en politique).*
RAISIN : *raisin sec.*
RAMP (TO) : *rager; pester.*
RAMPANT : *luxuriant; très répandu; violent; rampant.*
RANGE (TO) : *aller (de à).*
RAPE : *viol; colza; navet; rapt.*
RAPE (TO) : *violer.*
RARE : *peu cuite (viande); (fam.) fameux; rare.*
RATE : *taux.*
RATE (TO) : *évaluer; classer; semoncer qqn.*
RECIPE : *recette (cuisine, etc.).*
RECLAIM (TO) : *remettre qqn sur le droit chemin; amender (un terrain).*

RECLAMATION : *action de remettre qqn sur le droit chemin; amendement (d'un terrain);* réclamation.

RECTOR : *pasteur anglican; proviseur (d'une école secondaire); président (d'une université).*

REDEMPTION : *remboursement (d'un emprunt); amortissement;* rédemption.

REDUNDANCY : *chômage;* redondance.

REDUNDANT : *au chômage;* redondant.

REFUSE : *ordure, détritus.*

REGAL : *majestueux, royal.*

REGARD : *estime, respect;*
  WITH REGARD TO : *en ce qui concerne.*

REGARD (TO) : *considérer;* regarder.

REGARDING : *concernant.*

REGARDS : *amitiés, respects.*

RELATIVE : *parent.*

RELIABLE : *fiable, sûr.*

RELIEF : *soulagement, secours; exonération (d'impôts); relève (milit.);* relief.

RELIEVE (TO) : *soulager, secourir; relever.*

RENT : *loyer; déchirure, rupture.*

RENTABLE : *louable.*

REPLACE (TO) : *remplacer;* replacer.

REPLY (TO) : *répondre;* répliquer.

REPORT : *rapport, compte rendu; reportage; bulletin scolaire; coup de fusil; rumeur publique.*

REPORT (TO) : *faire un rapport;* dénoncer.

RESIGNATION : *démission;* résignation.

RESORT : *recours; lieu de séjour, station (balnéaire, sports d'hiver).*

REST (TO) : *(se) reposer; (se) poser;* rester.

RÉSUMÉ : *curriculum vitae;* résumé.

RESUME (TO) : *reprendre; regagner (sa vigueur).*

RESURRECTION MAN : *exhumateur de cadavres.*

RETICENCE : *caractère peu communicatif;* réticence.

RETINUE : *cortège.*

RETIRE (TO) : *prendre sa retraite; se coucher;* se retirer.

RING : *bague; cercle;* ring.

ROCK : *bâton de sucrerie;* roc; rock;
ON THE ROCKS : *avec des glaçons.*

ROCK (TO) : *secouer; (se) balancer.*

ROCKER : *bascule (de chaise, berceau);* rocker.

ROMAN : *romain.*

ROMANCE : *roman de chevalerie;* romance (sentimentale).

ROMANESQUE : *de style roman.*

ROMP (TO) : *batifoler;*
ROMP THROUGH AN EXAM (TO) : *réussir facilement un examen.*

ROT : *pourriture; carie; (fam.) blague.*

ROT (TO) : *pourrir.*

ROTTER : *sale type; propre à rien.*

ROUND : *circuit; tournée; salve;* round.

RUDE : *obscène, grossier;* rude.

RUIN (TO) : *gâcher;* ruiner.

RUT : *ornière;* rut;
TO BE IN A RUT : *être dans l'ornière, s'encroûter.*

S

SANGUINE : *optimiste, confiant;* sanguin.

SAUCE : *impertinence, insolence;* sauce.

SAUCE (TO) : *parler avec impertinence.*

SAVE (TO) : *épargner, économiser;* sauver.

SCALLOP : *coquille Saint-Jacques; pétoncle.*

SCALP : *cuir chevelu;* scalp.

SCENE : *décors de théâtre;* scène.

SCHOLAR : *savant, érudit; boursier; étudiant.*

SCHOLASTIC : *universitaire; scolaire.*

SCOOP : *petite pelle; creux;* scoop.

SCORE : *entaille; partition de musique; vingtaine;* score.

SCRUTINY : *examen minutieux, rigoureux; vérification des bulletins de vote.*

SECURITIES : *valeurs, titres.*

SEIZURE : *attaque d'apoplexie;* saisie.

SENSIBLE : *sensé, raisonnable; conscient de;* sensible.

SERVANT (CIVIL) : *fonctionnaire.*

SHOCK (OF HAIR) : *tignasse.*

SINGE : *légère brûlure.*

SINGE (TO) : *brûler légèrement; flamber (volaille).*

SKETCH : *croquis, esquisse;* sketch.

SLAVE : *esclave.*

SLIP : *faux pas; lapsus; fiche de papier; taie (d'oreiller); combinaison de femme; petite sole;*
PAY-SLIP : *fiche de paie.*

SMART : *habile; rusé; cinglant (coup de fouet);* smart.

SOCIAL : *petite fête.*

SOCIALITE : *personnalité de la haute société.*

SOCIALIZE (TO) : *fréquenter des gens; bavarder.*

SOCKET : *orbite (de l'œil); alvéole (d'une dent); cavité; prise électrique.*

SODA : *soude;* soda.

SOLDER (TO) : *souder.*

SOLE : *plante du pied; semelle de chaussure;* sole.

SOLID : *(bois) massif; sérieux, grave;* solide.

SOLLICITOR : *avoué, avocat, notaire.*

SOLVABLE : *soluble (problème).*

SOLVENT : *solvable (finances).*

Sort (to) : *trier;*
  to sort out : *régler (un problème).*
Sot : *ivrogne, abruti (par l'alcool).*
Spectacles : *lunettes.*
Spleen : *rate; haine;* spleen.
Sport : *divertissement; chic type;* sport.
Sportive : *enjoué, gai.*
Sportsman : *chasseur, pêcheur; beau joueur;* sportif.
Spot : *tache; bouton (de peau); pétrin; lieu; goutte (de whisky);* spot.
Square : *place (dans une ville); équerre; personne vieux jeu; carré.*
Stable : *écurie.*
Stage : *estrade; scène de théâtre; étape.*
Starter : *démarreur (d'une voiture); hors-d'œuvre;* starter.
Station : *rang social; garnison;* station;
  power station : *centrale électrique.*
Stationary : *papeterie.*
Stationer : *papetier.*
Steward : *régisseur (d'une propriété); maître d'hôtel (d'une maison);* steward.
Stomach : *envie; ventre;* estomac.
Stress : *accent tonique; insistance; tension;* stress.
Stress (to) : *insister, mettre l'accent sur qqch.*
String : *ficelle; (musique) corde;* string.
Strip : *ruban; lambeau;* strip;
  comic strip : *bande dessinée.*
Strip (to) : *dépouiller; dévaliser; (se) déshabiller; faire un strip-tease;*
  to strip off : *enlever rapidement (vêtements, peinture, etc.).*
Subside (to) : *s'affaisser; baisser; se calmer.*
Succeed (to) : *réussir; succéder.*

SUE (TO) : *poursuivre en justice.*

SUEDE : *daim (chaussures).*

SUFFERENCE : *(jur.) tolérance;* souffrance.

SUIT : *costume (pour homme); collection complète; assortiment; (faire) la cour; couleur (cartes);*
  LAW SUIT : *poursuite judiciaire.*

SUITABLE : *convenable; qui convient.*

TO SUPPLY : *fournir, ravitailler.*

SUPPORT : *appui, soutien;* support.

SUPPORT (TO) : *appuyer; encourager; faire subsister (une famille); voter pour.*

SURF : *ressac; écume;* surf.

SURNAME : *nom de famille.*

SURVEY (TO) : *inspecter; contempler (le paysage); établir le plan d'un terrain.*

SURVEYOR : *inspecteur;*
  LAND SURVEYOR : *géomètre-arpenteur.*

SUSPENDERS : *bretelles (US); jarretelles;* suspensoir.

SWING : *balancement; balançoire; pas rythmé;* swing.

SWING (TO) : *(se) balancer; brandir; exécuter un virage; danser le swing.*

SYMPATHETIC : *compatissant, compréhensif;* sympathique (système nerveux).

T

TABLE : *tableau (chiffré);* table.

TAIL (TO) : *enlever les queues des fruits; suivre qqn de près.*

TAINT : *souillure; tache; tare héréditaire; trace.*

TALON : *griffe (de fauve); serre (de rapace).*

TANK : *réservoir, citerne; fosse (septique);* tank.

TAP : **robinet;** *petit coup; tape.*

TAP (TO) : **percer (un fût); exploiter (des ressources); inciser (un arbre);** *taper légèrement.*

TAPE : **bande magnétique; ruban;**
  RED TAPE : **bureaucratie.**

TAPE (TO) : **coller (avec du ruban adhésif); enregistrer (sur bande magnétique); mesurer (un terrain).**

TAR : **goudron.**

TARGET : **cible, but; épaule d'agneau.**

TARRED : **goudronné.**

TART : **(fam.) prostituée; tourte;** *tarte.*

TART : **âpre, acide; (fig.) acerbe, acrimonieux.**

TEMPLE : **tempe;** *temple.*

TENANT : **locataire.**

TERRACE : **rangée de maisons de style uniforme;** *terrasse.*

TERRACES : **gradins.**

TERRIFIC : **sensationnel, formidable;** *terrifiant.*

TESTIMONIAL : **lettre de recommandation; témoignage d'estime; cadeau (pour services rendus).**

TICKET : **étiquette, marque; contravention;** *ticket.*

TIRE (TO) : **(se) fatiguer; (se) lasser.**

TISSUE : **papier de soie, mouchoir en papier;** *tissu.*

TOBOGGAN : **luge;** *toboggan.*

TOUCH : **pointe (de sel, etc.); légère attaque (d'une maladie); sens du toucher;** *touche (sport);*
  IN TOUCH : **en contact.**

TOUCHED : **légèrement timbré;** *touché.*

TOUCHY : **susceptible; irritable.**

TRACT : **étendue; région;** *tract;*
  RESPIRATORY TRACT : **appareil respiratoire;**
  ALIMENTARY TRACT : **voie alimentaire.**

TRAFFIC : **circulation (routière);** *trafic.*

TRAP : **piège; (vulg.) gueule;** *trappe.*

TRAP (TO) : **immobiliser, bloquer (qqn, qqch);** *piéger.*

TREAT (TO) : **faire cadeau (de qqch); régaler (qqn);** *traiter.*

TRESPASS (TO) : **s'introduire sans autorisation; transgresser.**

TRIM (TO) : **tailler (une haie); élaguer; mettre en ordre.**

TROUBLE : **peine; dérangement; souci; conflits (sociaux);** *troubles.*

TROUBLE (TO) : **peiner; déranger;** *troubler.*

TRUANT : **fainéant; élève faisant l'école buissonnière.**

TRUCULENT : **barbare; féroce.**

TRUMPERY : **friperie, camelote; bêtises.**

TUB : **cuve; (US) baignoire.**

TURF : **gazon; tourbe;** *turf.*

TURKEY : *dinde;*
  TURKEY : **la Turquie.**

TUTOR : **directeur d'études; précepteur; méthode (de piano).**

TWIST : **torsion; contorsion; virage; duperie; tounure d'esprit particulière;** *twist.*

TWIST (TO) : **(se) contorsionner; tordre; arnaquer;** *danser le twist.*

TWISTER : **arnaqueur; personne malhonnête.**

U

ULTERIOR MOTIVE : **arrière-pensée.**

UMBRELLA : **parapluie.**

UNDETERRED : **non découragé.**

UNGOVERNABLE : **irrésistible; effréné;** *ingouvernable.*

UNION : **syndicat; association;** *union.*

UNTOUCHED : *indifférent; inviolée (nature); non mentionné (sujet).*

URBANE : *courtois, poli.*

URCHIN : *gamin; polisson ;* oursin.

URN : *samovar ;* urne.

USE (TO) : *utiliser.*

USED : *d'usage courant; d'occasion; usagé (timbre); épuisé, fini.*

V

VACANCY : *poste vacant; chambre à louer; vide; nullité d'esprit.*

VACATION : *vacances ;* vacation.

VAIN : *vaniteux ;* vain.

VERGE : *bord, accotement ;*
ON THE VERGE OF : *au bord de (larmes).*

VERSATILE : *aux talents multiples, doué; aux usages multiples ;* versatile.

VERSATILITY : *ouverture d'esprit; faculté d'adaptation ;* versatilité.

VEST : *maillot de corps; t-shirt; (US) gilet.*

VICE : *étau ;* vice.

VICIOUS : *méchant, cruel;* rétif *(animal); vicieux.*

VILE : *exécrable (temps, nourriture, humeur);* vil.

VINE : *sarment; plante grimpante ;* vigne.

VIRTUALLY : *quasiment ;* virtuellement.

VISOR : *pare-soleil (d'une voiture); visière.*

WXYZ

WESTERN : *occidental; **d'Ouest.***

WAGGON : ***charrette ;*** *wagon.*

YACHT : ***voilier ;*** *yacht.*

ZEST : ***entrain; saveur, piquant ;*** *zeste.*

ZOOM : ***vrombissement; ronflement; montée en flèche (prix, avion);*** *zoom.*

ZOOM (TO) : ***vrombir; ronfler; monter en flèche ;*** *faire un zoom.*

ZAP (TO) : ***se déplacer rapidement ;*** *faire du zapping.*

IMPRIMÉ PAR BRODARD ET TAUPIN À LA FLÈCHE
DÉPÔT LÉGAL : SEPTEMBRE 1990. N° 12300 (6801C-5)